JN410470

태양의 변주곡

신혜경 시집

문학의전당 시인선
138

태양의 변주곡

신혜경 시집

문학의전당

시인의 말

살아가다 보면 아픔도 있는 것이다.
살아가다 보면 등 돌린 믿음도 있는 것이다.
뜨거운 태양 아래 여름 한철을 보내고
가을엔 결실의 풍요를 이루듯
그렇게 아픔도 시련도
언젠가는 한 알의 작은 진주를 낳을 것이다.

2012년 10월
우포늪에서 신혜경

차례

제2부

제3부

제4부

제1부

숙제

새벽 공기는 날개를 펴며
이륙을 준비하는 거대한 새다.
지면에서 발을 떼고 하늘을 향해 날아오르는
날갯짓들이 심장을 닮았다.
수십 번을 되뇐 속세 속의 얼룩들이
뚝뚝 떨어져 내리고
날아오른 새의 앉은 자리엔 작은 이슬이 영롱하다.

세기의 과제들이 새의 깃털 사이에서 꿈틀대고 있을 때
먼동이 성큼성큼 다가오고,
악수를 청하는 하루의 시작이
옷깃의 가지런한 열(悅) 사이로
자그마한 숙제 하나 넣어주고 있다.

날아간 새의 영역 표시 정도일까?
깃털 하나 새벽바람에 미세하게 떨리고 있을 때
새의 깃 사이에 가슴을 묻고 살았음을
늦은 깨달음이 찾아오고

우포늪 겨울

겨울은 이곳에서도 계절의 깊이를 읽을 수 있다.
마른 연잎들이 이리저리 고개 숙인 채 바람의 흔드는 손을 응시하고
구겨진 치맛자락을 늘여 드리운 노파의 뒷모습이 그림자를 이루고 있다.
천지가 진공상태의 고요 속에서 늦잠을 자고 있는데
봄의 걸음은 느리기만 하다.
여기 저기 철새들은 무리를 지어 먹이를 쪼며
따뜻한 햇살아래 졸며 무지개빛 막대사탕의 기억으로 추위를 몰아내고
살아있는 생명력이 물 위에서만 파닥거리고
새들의 날갯짓 속에 있는데
가시연꽃의 화려함도 아이들의 봄나들이도 모를 겨울 철새들은
오히려 차가운 바람이나 쌓인 눈이나
얼어붙은 얼음 사이의 공간들이 안식처인데
겨울 우포늪의 철새를 닮은 삶을 살아온 것이 부끄럽다고 할 수 있겠나

간혹 새들의 알을 구별 못하여
품는 알이 자신의 것이 아니어서
설령 미운 오리와 같은 새끼를 키웠다고 해도
깃털 몇 남긴 겨울의 흔적들을 이곳에 두고 떠나야 한다 해도
만감이 잔물결로 스치고 있는데
물질에 바쁜 청둥오리들이 고개를 들어 몸을 털고 있다.
구름을 낚고 있는 나룻배는 얼음 낀 우포늪에 올라 앉아
세파를 낚고 있다.

북소리

가슴에서 울어라.
징하게 울어라.
투박한 손길로 울어라.
산골의 궁핍과 아궁이의 타오르는 불길로 울어라.

너의 소리는
수천 년을 거슬러 올라가
아랫방 새끼줄 꼬며
굵어진 손마디로
그래도 이렇게 살아야 하는 삶이 억울하면
소 한 마리 개 한 마리 묶어 잡던
그 굵어진 손마디로
북채를 잡고
둥둥둥 그렇게 울어라.

주인 아가씨의 고운 미소마저
서러움으로 솟구치면
동네를 아무리 돌아다녀도 그 서러움이 사그라지지 않

으면
소가죽의 투박한 소리로 그렇게 울어라.
둥둥둥 둥둥둥

가슴 밑바닥까지
땅의 소리로
울어라 더 크게 울어라.
가죽의 울림이 너의 가슴이어니
서러움이 아픔이
세상의 숨결로 피어오를 때까지
타인의 가슴을 울릴 때까지
둥둥둥
그렇게 울어라 북이여.

만날재를 오르다

여인의 목청 좋은 노랫가락 왜 그리 청승스러운지
잠자리에서 복상사로 죽은 아름다운 우윳빛 피부를 지닌 여인에게 얽힌 한을 아시나요.
눈 위에 하이얀 피부를 그대로 드러낸 하이얀 눈과 같은 여인을
눈과 함께 녹아 흙으로 돌아간 여인을
그녀를 본 사람은 모두 관능미의 극치라는 찬탄을
한 많은 여인을 거적으로 덮으며 애처로운 마음으로 등을 돌렸다는
그녀의 한을 아시나요.
상처 하나 없는 몸이 마치 하이얀 눈과 같았다는데
한 번도 그처럼 아름다운 여인은 본 적이 없다는데

일요일이어도 그 목청 좋은 소리가 흥겹게 들리지 않는다.
흘러가던 구름도 그 여인의 한을 위해
그동안 쌓았던 공덕 하나쯤 시주하고 간다는데
불어오던 바람도 가던 길을 멈추고

나뭇가지 끝자락쯤 그녀의 처량한 울음 한 조각 걸어놓고 간다는데
나그네는 옷자락을 살며시 걷어
두 손을 주머니에 지른 채
가슴 한편에 품은 정분 한 조각 떨구고 간다는데

속에서 토해내는 노랫가락이건만
무슨 한이 그리 많은지 아직도 떠돌이별들과
저승길에 오르지 못한 작은 두 발을
자꾸만 이승의 한 자락으로 내딛으려 한다는데
지나가는 숫총각 하나는 잡을
하이얀 눈이 쌓인 하이얀 자그만 발을 지녔다는데

만날재를 올랐다 내려오는 귀볼 사이
찬바람 한 올 스치듯 지나가는데
가슴마저 아린 여인의 소리되어 겨드랑이를 스치는데

무언가 아직 비우지 않은 것이 있는지

쌓았던 공이 아직 나에게 남았는지
남을 위해 드리울 그 무엇이 아직 있는지
자꾸만 독경소리가 그 여인의 애절한 목소리처럼 들리는데
남정네의 품이나 그릴 여인쯤으로 알았는데
왜 자꾸만 바람 끝이 섬뜩하게 차가운지
같이 떠돌아다닐 팔자 될 것 같은 팔놀림에
미련을 털어내며 생각하노니

차라리 저 숲속 나무나 풀들에 의지하여
나뭇잎이나 풀잎의 소리로나 울어보던지

떠나온 곳으로 다시 돌아간다는 것은

떠나온 곳은 버린 것이다.
버린 곳으로 돌아가 본 적이 있을까?
많은 시간 만들어 온 관계와 관계들이 칼날을 세웠다.
마치 마신 술병들이 비어 있듯이
마실수록 가슴이 비어가는 것은
마신 것은 술이 아니라 그동안 고여 있던 감정의 물결인 까닭이다.
이성의 담들이 강물이 되어 흐르고
손끝엔 삶의 비애들마저 뒤척이는데
알코올은 비애의 늪에서 허덕이다
어느새 코끝에서 꼬리를 보이기 시작한다.
어둠은 호흡기를, 허파꽈리를 지나면
어느새 어머니의 젖무덤이 그리워지는 것을
비애는 그저 축축한 안개처럼 때론 감미롭다.
저 하늘의 별들을 올려다보는 것을 잊은
땅과 하늘 사이 상층의 공기들이 이미
지상의 해학들을 휩쓸며 엉덩이를 흔들며 지나가고 있을 때

알코올은 다시 안개처럼 싸하게 가슴을 훑고 지나간다.

버린 곳으로 돌아가 본 적이 있을까?
꾹꾹 눌러가며 구겨가며 버린 것들
가버린 것들은 그저 간혹 돌아보는 길가의 조각이거나
간혹 돌아보는 들판의 몇 그루 나무이거나
그곳에서 무엇과 만나고 무엇과 나누고
무엇과 손잡을 것이며 무엇과 눈짓을 나눌 것이다.
비어있는 술병에 담긴 것이 무엇이었을까?
연민이었을까 무엇을 향한 대화였을까?
그때도 별빛은 차갑다.

사랑의 힘은 세상을 변화시킨다는데
버린 곳으로 다시 돌아가면
우주의 별들이 새로운 길들을 찾을 수 있을까?
많은 시간의 공백들은 이미 다른 질서 속에 운행되고 있고
은하수는 멈춰진 것처럼 보이지만 세상의 저편으로 흘러간다.

떠나온 곳으로 다시 돌아간다는 것은
신의 미소가 기다리는 것이 아니라면
그저 또 다른 허공 속을 손 저어가며
작은 별빛 하나 잡으려는 마지막 몸짓인 것을
그곳엔 많은 버리고 온 것들이 비애 속을 헤매는데
찾지 못한 목표점들이 바람에 떠돌고
채 크기도 전에 베어버린 나뭇가지들이 말라가고 있다.

떠나온 곳으로 다시 돌아간다는 것은
타인의 그물들이 고기를 낚고 있는
우리 집 정원마저 그들의 놀이터로 변해있는 무례(無禮)가
아직도 도둑의 발자국처럼 남아 있다면
돌아간들 무슨 의미가 있으리.

폐허 속에 건물을 짓는다지만
아픈 상처는 충치처럼 야금야금 가슴을 먹고 있다.
떠나온 곳으로 다시 돌아갈 수 있을까?

깃발

죽은 영혼이 남긴 무언의 유언.
스스로 목숨을 버려야 했던 자존심의 오메가.
가도 가도 닦아놓은 길.
새로 닦은 길엔 나무와 풀들이 자라고
산정(山頂)엔 바람에 펄럭이는 깃발의 움직임뿐
나만의 공간에서도
사회적인 공간에서도
정치적인 공간에서도
이미 다 자란 키를 거울을 보며 재고 또 재어 보아도
머리카락 몇 올 정도 알 수 없는 성분의 파마약이
씻어도 앙금처럼 남아서 야금야금 머리카락을 물들인다.
타자적인 공간마다 꽂아 놓은 깃발들이
이런 몇 올의 머리카락과도 다를 바가 없는데
잔고 없는 통장에 딱 맞추어놓은 제로 인생
그 마지막에 남긴 한 마디
바람이 불면 흔들리는 깃발!
다시 일어나는 흥분과 분노와 이상(理想)
잡을 수 없는 구름의 유유자적(悠悠自適)

흔들리는 깃발이여. 흔들리는 깃발이여.

영혼의 부르짖음이여.

사장(死藏)되어야 할 것을 버릴 수 있는 빈 공간의 여유여!

그대 앉은 자리

날마다 피곤함에 지친 그대
그대 앉은 자리
농부의 땀 흘린 볏짚으로 방석을 만들었더이다.

날마다 시간의 부족함으로 잠을 이루지 못한 날들
그 빈틈없는 시간의 그물 속에
진주가 만들어지고
그 진주로 엮은 자리로 바꾸었다는 말의 생략은
날마다 대문을 나서는 그대의 등이었더이다.

등을 보인다는 것은
앞서가는 그대의 믿음직함이었는데
날마다 주고 간 것은 버린 방석과 진주로 만든 자리와
감정의 물결들.

함께할 수 없는 시간의 영역들 속에
홀로 외로이 혼자 캡슐의 상술들을 감내하며
날마다 프로이드의 학설과 니체의 철학들을 들으며

밤마다 볏짚의 인정이 그리운 날들이었더이다.
그대의 그림을 무엇으로 설명할 수 있을까마는

많은 나눔의 미학들은 질서를 이룬 지 오래고
신의 손길은 규칙적인 시간 아래 가슴을 쓰다듬는다.
그대 또다시 마련한 자리나 방석들이
타인의 호흡 속으로 영역을 넘는 것이었다면
그 자리나 방석은 너무나 큰 것이 아니었을까요.
타인의 방을 엿본다는 것은
금기의 담을 넘은 것인데
그대 만들어 준 자리 그대에게 돌려주는 일들이
그 자리가 그대의 것임에
해가 동쪽에서 떠서 서쪽으로 지는 것과 같은 것이리.

그대 앉은 자리 그대의 땀이요.
그대의 미래임에 그 자리 귀퉁이 발을 디디다가
깨끗이 닦아서 돌려 드려야 함을
그대의 선택들이 많은 시간을 잠식하고

함께한 시간의 영역만큼
또 그대 자리를 돌려 드리기 위해 고심하리.

불가침의 시간들이 물구나무서기를 하는
현대의 건물들이 즐비하고
그대 또다시 인정들로 엮은 자리를 만들기에 고심하는 모습
그 인정이 그대의 앉은 자리이더이다.

유랑민들의 합창

해도 달도 동쪽하늘에서 떠올라 서쪽 하늘로 지는 것을
날마다 반복한다하더라도 한곳에 머무르지 않으니
차고 기움이 있음으로 존재하는 것이다.

걸어도 걸어도 끝없는 평원
풀 뜯으며 살찌우는 유목의 짐승들이 일제히 고개 저으며
또다시 땅을 향해 꼬리를 흔들며 풀을 뜯는다.
유랑민의 노랫가락은 정처 없는 구름으로 떠다니고
점코, 발씸이, 큰가슴, 큰화살, 긴머리, 매발톱……
풀 뜯는 짐승들에게 이름을 붙인다.
유난히 눈이 큰 날마다 새끼를 끼고 다니는 모성애의 상징 눈크니
두 눈을 보고 있노라면 그곳엔 하이얀 양떼구름이 지나가고 있었다
봄이 가면 여름, 가을 그리고 겨울이 또다시 봄이 오는 것을 반복한다 하더라도
저 유목의 동물들이 있어 행복했다.

해도 달도 동쪽 하늘에서 떠올라 서쪽 하늘로 지는 것을
날마다 반복한다하더라도 한곳에 머무르지 않으니
바람이 불어도 언제나 반복의 질서로 몸을 맡기고
간혹 피리소리 떨리는 소리에 나뭇잎의 가녀린 손짓으로
떠오르는 달을 가리켜보기도 한다

하느님의 심장이라고 저 붉은 불덩이를 닮은
하느님의 자존심이라고 저 반짝이는 왕좌자리의 별님을 닮은
간혹 차가운 은하수의 칼날로
솟아오른 풀잎을 베기도 하는데
저 하늘의 달님이 저 둥근 달님이 하느님의 가슴이라고

간혹 벽을 마주보고 주차를 한다

벽은 언제나 사각형의 형상을 쌓아서
커다란 직사각형의 걸음으로 걸어서
90도 각도를 유지하며 뒷모습을 보인다.
어린아이의 걸음과 어른의 걸음과 그리고 그림자와
아직도 남아 있는 웃음과
차가운 바람의 기운을 느끼며 벽과 직각을 이루며
주차를 한다.
차를 세우고 벽을 향해 걸어간다.
걸어온 길은 구겨진 채 자꾸만 따라서 벽을 지나왔다.
슬그머니 손을 내민 마당의 넓이도 벽을 닮아 있었다.
모두 구겨서 비행기를 만들기도 하고
다시 펴서 절을 지어 보기도 하고
또다시 구겨서 성경책 어디쯤 접어 넣어 보기도 하지만
그놈의 벽이 자꾸만 걸어 나와 그림자를 만든다.
주차된 차가 초라해지기 시작한다.
벽과 직각인 것도
벽의 그림자가 주둥이를 가리고 있는 것도
또다시 구겨서 쓰레기통에 집어넣는다.

그래도 자꾸만 걸어 나와 주차선을 만들어 놓는 벽을 본다.

벽이 말랑말랑한 호밀빵 같은 것이면
귀퉁이 얼마쯤 뜯어 먹기라도 하는데
그 벽 위에 맹자나 공자가 앉아서 미소를 지으며
공맹을 설하기 시작한다.

마당의 넓이가 점점 작아지더니 이제는 주머니 속에서 웃고 있다.

마당도 구겨진 채 주머니 속에서 손을 내밀고 있다.

빵구 똥꾸야 내다

순이는 첫사랑이 봄바람의 여린 목소리나
봄 햇살의 따사로운 손길이었다.

철이는 순이를 놀라게 하기 위해 간혹 깜짝놀이를 잘 했다.
그땐 꼬옥 빵구 똥꾸야 내다하며 살짝 옆에 다가 앉았다.

향긋한 치자꽃 한 송이 안겨 줄 때도
그 향기가 부끄럼으로 가슴이 봉긋이 솟아오를 때도

철이는 꼬옥 그랬다.

순이는 풀밭에 풀벌레들이 시기심으로 슬금슬금 기어 올 때도
철이가 벌레가 물어버린 상처를 치료해 줄 수 있을 거라고 생각했다.

그러던 어느 날 철이는 그곳에 오지 않았고

옆집 봉순이가 살그머니 다가와 순이의 귀에 속삭이었다.

빵구 똥꾸야 내다.

이튿날 비는 억수처럼 내리고
봄날의 진달래꽃잎은 바람과 빗방울에 모두 찢겨져 있었다.

비와 바람과 함께 철이가 한 말도 함께 먼 이국땅으로
빵구 똥꾸야 내다.
꼬리 내린 바람이 아련한 메아리처럼 귓전을 스칠 뿐이다.

편지

유치한 시절의 장난이었다.

언니가 말려둔 장미의 드라이플라워가 너무나 아름다울 뿐이었다.

받고 싶었던 것은 없었다.

사랑의 편지도 장미도 받고 싶다는 생각을 해본 적은 없다.

장미의 흑갈색 빛깔이 하얀 안개꽃과 함께 드라이플라워로 꽂혀 있었던

그 모습이 너무나 아름다웠고 눈부시었을 뿐이었다.

고등학교 시절 그저 가정 선생님의 낭송과 함께 따라서 감상했던

황동규의 「즐거운 편지」가 감동적이었을 뿐이었다.

가정선생님의 하얀 손가락이 동양 매듭을 만들어 갈 때

고운 뺨에 발그레하게 상기된 선생님의 모습이

너무 여리고 고운 모습이었을 뿐이었다.

여성성의 극치였다고나 할까 아름다웠을 뿐이었다.

과분한 사랑의 편지를 받으면서도

온전히 그것이 나의 것이었다는 생각을 몇 번 했을까?

사랑의 편지엔 언제나 사랑한다는 말들이 까만 하늘의 별만큼 많았다.

그럴 때마다 나는 별명을 붙였다.

매미와 고목 그리고 풀잎과 이슬

이러한 애칭들이 사랑이라는 단어를 감당할 수 없었기 때문이기도 했다.

사십 중반을 넘으면서 그 편지의 순수를 어느 먼 산골짜기 외딴 마을에다

차곡차곡 장작더미로 쌓아 두었다가

추운 겨울에 군불을 지피기로 마음먹었다.

그 산골짜기에 누가 갈까?

나라도 가고 싶은 마음이 간혹이라도 들까?

그 편지 속에 담긴 감정의 꽃들이 온전히 나의 것이겠는가?

받은 만큼 흘려야 했던 눈물이 그 편지의 순수가 지닌 본모습이었는지.

갈래갈래 찢어 버리고 싶은 마음들이 찾을 수 없는 곳에 있다가

용케도 그날은 온전히 길바닥에 내동댕이쳐진 날이었다.

편지 귀퉁이마다 곰팡이가 피어서 손을 대기조차 거북한 모습의 연애편지였다.

사랑한다를 빼곡하게 적어놓은 밤하늘의 별들이 풀어놓은 감정의 늪이었다.

옷도 없고 먹을 것도 없고 맨발과 맨몸으로 바라보는 밤하늘의 반짝이는 별이었다.

바위를 짊어지고 날마다 올라야 하는 저 올림포스의 산이 가로놓인

산 정상에 유난히 반짝이는 별이 기다림의 미학을 키우고 있는

그 하늘 아래 한 작은 인간이 맨발을 드러내고 걸으며 함께했던

그저 하나의 유치한 장난이었다. 그 연애편지는

밤하늘의 별들마저 곰팡이가 피어서

맨발로 돌산을 올라야 하는 오래된 허상(虛像)이었다. 그 편지들은.

올림포스 산 정상에서 그 모든 것을 불지를 것이다.

타오르는 태양의 뜨거운 열기와 더불어 사라질 것이다.
오래된 곰팡내 곰실곰실 나는 그 독약 같은 밀어들은

아파트 벽 틈 사이 귀뚜라미 울음소리

고층 아파트의 수직적인 상승 기운이
대지보다 하늘에 가까운 거리로
사람과 사람의 관계 속에서 분리의 원리를 적용하고
내려다보면 주택 지붕들이 머리를 보이고
무리를 지어 공론을 벌이는 형상들이
고답적이면서도 정답다.
아마 저 주택 어디쯤에서 날아 들어온 귀뚜리인가 보다.
홀로 또록또로록 밤새 쉬지 않고 울어대는 그 열정이
한밤의 별빛을 선물한다.
도시적인 생활에 도시적인 정서에 도시적인 논리에
빈틈없는 사각의 논리에
귀뚜리가 이곳에서 울음을 울 수 있다는 것은 불가능이다.
거짓말처럼 엘리베이터를 타고 온 귀뚜라미
밤새 우는 그 울음이 누구의 가슴을 울리고 싶었을까?
누구의 가슴에 잠들지 않는 하나의 종이었을까?
귀뚜라미가 아니어도 언제나 울리는 종 하나쯤 달고 살아야 하는데

한 뼘 창문으로 들어온 별빛만큼의 공간에서
울고 있는 종이 잠들지 않는 시간에 그림자를 그렸는지
와송이 자라던 저 아래 주택에서 이 작은 귀뚜리를 보내었는지
도시는 잠들어도 잠들지 못하는 많은 것들이
별빛의 선율을 타는 울음들이여.
사람들의 가슴마다 하나의 작은 종이 되어
함께 울려 아름다운 화음의 밤물결을 이룰 한밤의 풀벌레들이여.
언제인가 이렇게 한 마리 풀벌레로
누구의 가슴에 하나의 종을 달아주고 싶은
아파트 창문만 한 작은 소망이여.

제2부

흉몽

문밖은 바람소리로 요란하다.
스산한 바람들이 휘파람소리 같기도 하고
무슨 이름 모를 새들의 노랫소리 같기도 한데
어렴풋이 새벽이 느림보처럼 걸어올 때
잠자리는 어지러운 물뱀들의 놀이터로 변하고
손등, 발등 위로 뱀들의 꼬리는 간사하게 움직인다.
비늘의 색색들이 움직일 때마다 그 빛을 발하는데
식은땀이 흐른 등과 이마엔 삶의 시달림이 흥건한데
일어나 앉은 침대 위의 몸뚱이가
마치 깊은 산골 이름 모를 작은 산사의 홀로 지내는 노스님의 고독처럼
오랫동안 산등성이에 홀로 자란 플라타너스처럼
검은 그림자를 드리우고 있다.
날렵한 뱀들의 꼬리가 슬그머니 사라져간 새벽
뱀들이 감고 지나간 온몸에 돋은 소름
새벽이 흉몽의 그림자를 삼단 같은 고운 빗자루로 쓸고 있다.

우리 에미는 술집 여자다

삶이 술집 작부와 같다면
날마다 농을 주고받고
삶의 응어리 술로써 견디는
후지디후진 시장 바닥의 한 귀퉁이에 있는
푹 익은 김치 한 조각에 막걸리 한사발로
하루를 모두 씹고 허리끈을 풀어야 집으로 발길을 돌리는
숱한 인부들과 헐한 노동자와 시장에 앉은 노점상들을 상대하는
그런 술집 작부와 같다면야

많은 시간 마음을 비우고
타인의 삶의 투정을 들어 주어야 하는 여유를 가져야 하지 않겠나?
팍팍한 삶이 일상의 속성이라 하더라도
함께 간혹 언성을 높인다 하더라도
얼마나 많은 것들을 버려야 그 작부 노릇을 하겠는가?

지나면서 던졌던
우리 에미는 작부였다던 그의 말이
툭박진 손가락 마디마디 굵은 마디마다 굳은살로 자리 잡았는데
막걸리 한 사발에 녹아난 삶이
그 얼마더냐 술집의 바닥에는 삶의 진딧물이 바닥바닥 배겼는데

우리 에미는 작부였다고
한잔 술에 구성진 노랫가락으로 젓가락 장단 정도는
그래도 그 정도는 맞출 수 있는
삶의 헤어진 누더기를
노랫가락으로 기워주고 기워 입을 수는 있는 그런 작부였다고
우리 에미는

미친 놈들과 미친 년들이 모여
삶을 꼬깃꼬깃 접을 때도

그녀는 때론 고춧가루 한 점 정도
덜 씻긴 탁배기 사발에 손으로 흐르는 물 훔치며
잔을 건네며 삶이 별거 있느냐는
대거리 정도는 할 줄 아는
우리 에미는 작부였다고

초겨울의 여윈 나무들

1

토라진 나무들 달래줄 수 있는 마음의 여유가 필요한 시간
클래식으로도 달랠 수 있고
한 잔의 커피로도 달랠 수 있고

그것이 아니라면
은은한 녹차향과 청자빛 다기의 귀족적인 풍취라면
오히려 그대의 품에 다가갈 수 있는
순수와 순결의 고백으로
그대의 묶인 마음을 풀어나 볼까?

그것도 아니라면
질펀한 해학이나 풍자나 비판의 칼날을 세우며
현실의 껍질들을 벗겨야만 하는 것이라면
그리하여 그 속살의 모습들을 드러내어야
그대가 손을 내밀며
대화를 청한다면

오히려 한 잔의 술로 밤을 새워야 하는 것이라면
허름한 선술집이나 여관이나 한자리 차고 앉아
밤샘하며 미주알고주알 혀가 꼬부라지도록
비록 정답 없는 밤이지만 그렇게 하여야
토라진 마음이 풀어진다면
그렇게라도 꼭 해야만 한다면

2
쌓아둔 담만도 높은데
그냥 먼저 손을 내밀어 주는 것은 어떨는지
토라진 맘이 한(恨)이 되기 전에
바쁜 시간 속이라지만 왜라는 질문들을 가슴에 품고 살기엔
너무 인생이 짧고
그 질문들로 인생을 보내기엔
삶의 존재감이 내 인생의 중요성 속에 있지 않은 까닭이기에
어떤 방식으로든 이유를 표현해야 할 당위성마저

보이지 않은 공간 속에
나는 있다.

치근(齒根)을 드러내는 삶의 귀로에
너와 나의 관계 형성의 당위성 여부에 대한 고민마저
보이지 않는 공간에 나는 있다.

초겨울의 여윈 나무들
토라진 나무들의 가지가 바람을 맞으며
굵어가고 있을 때
그 언저리 내가 나무인지 나무가 나인지 모를 시간 속에
나무 그네의 흔들림에 몸을 맞기며
그 흔들림의 불규칙적인 가락에 몸을 맞기며
새로운 출발을 하기 위해
과거의 감정들을 정리되지 않은 것들을
줄 세우며 기다림의 시간 속에
나는 있다.

무심한 관계 속에서

새벽밥 먹고 출근하는 평생의 삶은
바람과 구름과 별과 하늘과 눈과 그리고 많은 변화들 속에
자연스럽게 만들어진 저 산처럼
파도의 밀물과 썰물의 조화 속에 퇴적층의 기괴한 바위의 형상으로
자연의 신비를 만들어낸 고성의 바닷가처럼
다채로운 삶들을 만들고
그러고도 모자라
무심함의 영역들을 키우고 있었다.

애써 인공빛이나 조명을 켜지 않으면
모습을 보이지 않는
그곳에서 벗어나지 않는 곳에
그는 있다.

그런데 간혹 그가 필요해지기 시작한다.
아직 미지수의 헤아림 속에 그는 존재한다.

무심함의 영역 속으로 가야만 하는 현재의 시간 속에서
새로운 관계의 기다림이 있는지 없는지 알 수 없는
서로의 영역 속에 그저 아직 무심함 속에 있을 뿐이다.
그가 필요해지기 시작한다.
필요에 의한 충분 관계 속에 그가 있기를 바라며
그의 손길이 따사로움 속에 있기를 소망하며
그의 영역 속으로 가야 하는 시간에 나는 있다.

마산 앞바다

창만 열면 뛰어 들어오는 마산 시내와 마산 앞바다
총총한 집들이 모두 머리만 보인다.
밤늦도록 불을 켜 둔 선박회사의 풍광들이
삶의 노역들을 밤새 헤아리게 하고
여기저기 정박한 배들의 휴식이 아늑한 마산의 밤을 본다.
세상의 천태만상들이
여기저기 빼곡히 메운 집들이
추위에 떨고 있는 듯하기도 하고
아늑한 안개들 속에 안긴 듯도 하고
흐릿한 가로등불의 오렌지빛 음향은
오히려 다소 위축된 도시의 어깨를 보는 듯도 하고
엉뚱하게 솟아 오른 작은 섬의 한 귀퉁이에는
방향성을 알리는 등댓불이 도시의 게으름을 나무라고 있다.
느린 노인들의 몸짓처럼 파도를 타고 배가 안겨오는데
경계선처럼 그어 놓은 마산교의 실루엣을 넘어오는 모습이 숨겨둔 애인이 찾아오는 듯하다.

저 많은 사설들의 즐비를 넘어 이 창문을 열고 들어올 것만 같은

애인의 숨결 같은 공기의 움직임이 이 밤도 다소 애절하다.

절도(節度)와 젊음과 성취의 열기를 모두 지나온 후

노년으로 접어들어야 하는 안타까움이 여기저기 배어오고

창문이 너무 넓다는 생각을 하며

집들과 바다와 산으로 이루어진 섬들과 마산교와 공장의 불빛들

이것을 선물하고 급히 도망간 낯선 저 바깥의 공기들

얼마의 시간이 지나면 이곳을 사랑할 수 있을 것이다.

마치 부모의 정혼으로 결혼한 연인처럼 그렇게 사랑할 수 있을 것이다.

마산의 숨결과 저 풍광들을

농담 같은 진담

고속도로만 달리면 눈앞엔 끝없이 펼쳐진 도로만이
하이얀 그리고 노오란 차선이
간혹 보이는 이정표만 있을 뿐
경치를 완상한다는 것은 거의 불가능한 일이다.
이런 생이란 휴게소와 같은 휴식공간이 필요하다고
만취의 숨결 속 짙은 알코올의 날카로운 시선이
뜨거운 온기와 함께 전해온다.
변변한 휴게소도 하나 없는 생이었던가.
가다가 가다가 고속도로가 아니라 국도로 차선을 변경할 수도 없었던가?
그의 농담 속엔 삶이 있었다.
바둑과 같은 취미였다고나 할까?
산을 오르기 시작하면 정상까지 가보라고
일상생활에 필요한 수단이 아닌 생의 철학이 담긴 것이라면
정상을 오르지 않으면 깨닫지 못할 것이라며
삶은 만취의 상태에서 항상 회의(懷疑)를 선물한다.
그러면 산을 오른다.

이런 정상까지의 발걸음이 삶의 행로를 삶의 지표를
상쾌한 산 공기와 함께 일상보다는 더 높은 일상과의 거리를
언제나 함께했던 즐거움과 웃음과
잊을 수 없는 엉뚱한 지인들의 모습을
잊어버린 것들을 되찾을 수 있는 여유의 시간 속에 있다.
산 정상이다.
푸른 하늘과 구름과 날새들의 날갯짓이 있는
산 정상이다.

만날재를 오르며

도시는 현대인들의 냉혹함 속에서
소화되지 않은 것들을
저렇게 만날재를 향해 분비하기 시작한다.
즐비하게 주차된 차들이며
등산복 차림의 행렬을 이룬 사람들의 등이
도시의 편협한 이해심을 등지며 산을 오르기 시작한다.
만날재의 능선만큼 도시는 인간에게 시험의 고비를 던지며
마치 통과의례인양 그렇게 난제들을 슬그머니 내민다.

한 발 한 발 오르다 보면 푸른 하늘과 만나고 또다시 흰 구름과 만나는데
자연은 느슨한 시간의 흐름 속에서
배낭의 무게나 옷의 두께를 가늠할 수 있는 여유로움을 준다.

지나치게 높이 오르는 것이 간혹 자만이나 교만의 자존심으로

순종이나 복종의 미를 잊게 하곤 한다.

교만은 삶을 치장하고 푸른 소나무의 왜곡들이 난무하기 시작한다.

일주일의 시간들이 어떤 의미들 속에서 흘러갔던가?

의도되지 않은 삶의 굴레 속에 현재의 의미들이 만들어지고 있다.

산 속의 공기들이 아무리 맑다 하더라도

그 누구의 폐부를 맑게 하지 않으면 어떤 의미가 있으리.

저렇게 많은 흙들이 있다지만 일정한 틀 속에 담겨 형상을 이루거나

빚어내어 그릇이 되지 않는다면

그 어떤 의미가 있으리.

가도 가도 산길이지만 그렇게 가면 하늘과 단둘이 만나겠지만

반추의 시간들이 발걸음마다 오르막길이다.

겨울여행

발가벗긴 영혼들이 밤마다 도둑걸음으로
담장을 넘고 국경을 넘고
영혼과 영혼의 돌다리를 만들고

그리고 또 많은 시간의 흐름 속에서
마음의 빗장 속에 간직했던
소중한 보석들을 보내기도 하고

몰래 영혼결혼식을 해버린 짝들도 있고
이미 마음의 일부로 자리 잡고 있기도 하고

그러다가 끝내는
그런 영혼과 영혼의 돌다리들을 디디며
겨울여행을 준비한다.

추운 날씨에 헐벗은 산들이 초췌한 모습으로
가난한 영혼의 빈혈증 같은 모습일지라도
나무라기 없기

한쪽 팔이 그대의 어깨에 걸쳐진 뒤라지만
너무나 초라하고 남루한 속살이라지만
그래도 이미 오래전에 맺어 놓은 인연의 끈으로
부끄러워하기 없기

겨울의 여행을 준비한다는 것은
도둑걸음과 같고
영혼의 빈혈증을 치료하기 위한 것과 같고
삶의 속도감을 높이기 위한 준비와도 같고
타인의 영혼 속에 줄 수 있는 것이 있다면
나누고 싶은 나눔의 미학과도 같은 것

그리고 겨울여행은 추운 바람 속에
이런 요소들의 동적 역학 속에
발가벗은 한 인간의 몸짓과 같은 것

그 후 또다시 도둑걸음을 배우고
영혼결혼식을 하고

또 여행을 준비하고
순환되는 시간성 속에 아찔한 속도감마저 존재한다면
여행은 삶의 동반자의 자리를 요구할 것이다.
당돌한 의미의 겨울여행만은 아닐 것이다.

나무의 뿌리

나에게로 와 미소가 되어 줄 그대여! 나무와 같은 존재여!

그대는 저 산과 들과 바다로 있어다오.

이념의 푯대를 세워둔 그대여.

기름진 들의 희생적인 그대의 가슴은 언제나 열어 두고

나뭇가지가 그저 살랑대는 오늘 같은 날의 파도 정도로 감정의 골을 트고 있어 줄 그대여.

그대의 뿌리는 지구의 심장까지 발을 내리고

때로 대지 위로 솟아올라 그 든든함을 자랑하는 그대의 기품이여.

그대 나에게로 와 사랑이 되어 줄 그대여.

그 들을 나에게로 보내다오.

그 들의 모습으로 그대의 뿌리 내리게 하고

그 들의 모습으로 그대의 꿈과 사랑을 키우고

그 들의 모습으로 그대를 품에 안고

그 들의 모습으로 그대의 자식을 키우고

그 들의 모습으로 그대의 미래를 준비하고

그 들의 모습으로 그대의 손을 잡고 그대의 품안에서 잠을 자고
그 들의 모습으로 그대의 가슴에 정(情)을 키우고 또 내 가슴에 정(情)을 키우고.

그대 나에게로 와 이상이 되어줄 그대여.
그 산을 나에게로 보내다오.
두 가슴으로 호수를 만들어 그 산 아래 두리라.
두 팔과 손으로 다독여 그대 그 산을 오를 수 있게 하리라.
그 산 위에서 그대의 가슴에 안겨 걸어온 길을 되돌아보리라.

그대 나에게로 와 감정의 바다를 풀어놓고
짙은 향수로 그리움에 젖을 때
그 그리움을 한 폭의 그림으로 그려 놓으리라.
어느 술의 여신이 손을 잡고 그대 외출을 유혹할 때
그 바다는 비취의 고운 빛을 잃고

은빛 반짝이는 태양이 놀다간 자리엔
그저 회색빛 바다로 남아 기다림을 배울 것이다.

나무는 뿌리를 내리고 중력의 작용을 감지하며
지구의 심장을 향해 뿌리를 키울 것이다.
그 뿌리의 깊이만큼 무성한 잎과 향기로운 꽃과 달콤한 열매로 자라
그대의 사랑도 이상도 모두 그곳에 있을 것이다.

태양의 변주곡

태양이 오래오래 집에서 나오지 않는 날이었다.

바람은 부드러운 손길로 나무들과 대지와 저 넓게 펼쳐진 바다의 표면을 흔들고

잠에서 깨어나지 않는 것들로부터 이동을 서두르고 있었다.

태양 아래 대지들이 밝게 웃으며 사랑의 노래와 축복의 노래를 부를 때

산들은 등 뒤에서 검은 구름을 만들고

바람을 따라 떠나버린 아리따운 아가씨의 마음을 아쉬워하며

작은 소리로 나무들을 흔들며

몇 날을 이렇게 보내어야 하는가?

아주 긴 터널을 운전하듯

검은 구름의 노여움과 슬픔에 잠긴 하늘과 빗방울의 불규칙적인 하강

아주 긴 이별의 여행처럼 세상은 회색빛 감정의 터널 속에 갇혀 있다.

이념의 부재를 슬퍼하기도 하고

사랑의 영원함을 상실한 슬픔이기도 하고
꿈과 이상의 날개를 접고 세상에 대한 두려움을 달래는 혼자만의 시간이기도 하고
떠나버린 친구가 남긴 모자와 외투가 여기저기 하늘의 구름으로 떠가며
바람과 함께 손을 내밀어 악수를 청하기도 하고
죽음의 순간을 맞이한 나무들이 운명의 사자를 기다리며
바람과 빗속에서 잠깐의 의식불명을 한탄의 한숨으로 보내고 있다.
이 비가 그치면 운명의 사자는 수명을 헤아리며
저 한탄 속의 세상을 구출하여 새로운 역사의 수레를 손질할 것이다.
어머니의 이마엔 세치머리가 늘어갈 것이다.
어머니의 젖가슴에서 잠들었던 유년으로의 여행 후엔
그저 화단의 한 송이 꽃과 나무가 늘어간다.
긴 장마에 지친 하루하루가 지나고 바다에 우뚝한 산 하나
안개 속에 희미한 형상으로 남아서 몸을 숨긴 태양의 옷

깃을 잡고

해송 빼곡히 들어서 있는 등을 보이며

두 발을 바다에 담근 채 밀려드는 파도의 투정을 듣고 있다.

슬픔의 포말들이 두 발까지 덮으며 가슴까지 닿아도

그 산의 해송은 더욱 짙은 청록으로 자라고

바람에 못이긴 저 외로움의 손짓들은 굵은 나무껍질을 더욱 많이 만들 것이다.

이념은 더욱 강해지고 사랑은 더욱 부드러운 미풍처럼 따사롭고

꿈은 태양의 발걸음으로 다가오며

잊어버린 많은 감정의 여울들이 되살아 움직이던

이 비를 만들어낸 기류들이 꼬리를 접는 동안

많은 나무들은 상처의 아픔들을 치유하게 될 것이다.

잿빛 하늘을 날지 못하고 날개를 접은 새들이 안식처에서 졸고 있고

비는 서서히 귀가를 서두르고 이 회색구름마저 귀가를 하고 나면

태양의 찬란한 노랫소리가 강렬한 여름의 발걸음을 디딜 것이다.

농부의 발바닥은 거칠어지고 손마디마다 굵은 뼈마디가

땀방울 속에서 노동의 아름다움으로 바빠질 것이다.

바다에 정박한 배들은 휴식의 달콤함에서 벗어나

어부의 가슴속에서 그물을 건져 올릴 것이다.

하늘과 바다의 빛이 닮아 있는 시간 속에서

모두가 회색빛이 된 이 공간의 의미들이

태양 아래 빛을 받으며 광합성으로 이상의 꽃망울을 터뜨릴 때

그때에야 이 비와 회색 하늘과 검은 구름이 진정한 본모습으로 미소 지을 것이다.

아름답고도 영원한 이 자연의 조화로운 만남들이여!

천주산 진달래꽃

천주산 진달래만 보면 남자가 되고 싶다. 저 연분홍 치마폭에 싸여 황진이도 만나고, 매월향도 만나고, 양귀비도 만나고 하다못해 이름 없는 뭇 기생의 풋내 나는 분내음이라도…… 참 웃기는 일인데 간혹 이럴 때마다 성적 정체성에 대해 회의가 든다. 그저 천주산을 감싼 기생년이나 되어 볼까? 이게 안 되니 말이다. 그저 곰곰이 생각해보니 천주산의 진달래꽃의 빛깔 때문이라는 이유밖에는 다른 이유를 찾기가 어려웠다. 그러다가 어느 날 거울 속의 모습을 보며 생각했다. 연분홍 치마폭으로 감싸고 있는 우람한 남자의 모습을 한 천주산을 연상해 보았지만 그것도 참 웃기는 일이었다. 모쪼록 천주산은 봄이 되면 오직 미칠 일 하나만 남은 것 같다. 짙은 꽃분홍 비단결 같은 손길과 마음으로 아낌없는 축복을 받고 있는 봄의 조화의 절정이여. 천주산은 거울 속에서도 아름다운 조화일 뿐이다.

제3부

바다는 언제나 알래스카를 향해 달린다

한 겨울 초승달이 가녀린 미소를 띠울 때
바다는 별빛들을 헹구어 내고 있었다.
별들의 수평선을 향한 손짓들이 애절한 설화의 파편들을 던지기 시작하고
물결마다 하나씩의 의무와 소망이 살아서 움직이고 있었다.
섬과 섬 사이
그리움과 사랑과 이별이 만들어낸 감정의 물길들이
솟아올랐다 다시 부서지고
다시 솟아오르는 영원한 불멸의 生들
해원을 향한 몸짓으로 생명의 불씨들을 키우고 있었다.
누가 잠들 수 있겠는가?
누가 저 시퍼런 물빛을 향해 등 돌릴 수 있겠는가?
바다의 꿈은 수평선을 향하는데
알래스카의 푸른 물빛을 가슴에 품고 있는데
알래스카의 빙설들을 향하고 있는데
누가 바다의 시퍼런 물빛을 향해 등 돌릴 수 있겠는가?
바다는 언제나 알래스카를 향해 멈추지 않는데

무학산에게 물어 본다

그곳에서도 바다와 대교의 담근 발가락들이 보일까?
있는 곳이 어딘지도 모르는 사람을 만났다.
자신이 서있는 곳이 어딘지도 모르는 사람을 만났다.

발가락의 개수와 생김새와 그 발가락이 지구를 딛고
움직이는 원리를 설명했다.

가도 가도 끝이 없는 사막은
아무리 항해해도 다시 그 자리로 돌아오는 대양의 둥근 순환원리는
무의미했다.
미소를 지닌 사람이었다.
발가락에도 지문이 있어 사람마다 고유의 문양을 지닌다고 했다.

저 마창대교의 긴 다리 아래도 발가락이 있느냐고
물어도 물어도 인간의 살아있는 발가락에 대한 이야기만 했다.

차라리 무학산에 올라 산에게 묻는 것이 낫다고
산에게 물어 본다.
그곳에서 저 대교의 발가락이 보이느냐고

산 정상이 너무 높아 중턱쯤에서 물어보았다
살아있는 사람의 발가락이 아니라 저 대교의 발가락을
저 대교도 고유의 문양을 지닌 지문이 있느냐고

산은 웃었다.
바람과 같은 웃음으로 냉큼 구름을 잡아타려는 발걸음이었다.
너털웃음도 허공 같은 웃음도 아닌
잔잔한 저 바다 같은 웃음으로 구름을 타고 있었다.

버린 성냥통이 왜 거기에 있었을까

어머니의 소박한 소망은 퇴락한 모습이었다.
금전운을 성냥통 하나에 맡긴다고 될 일이냐
늦은 발걸음이 그저 고향의 뒤안길 어디쯤을 서성이고 있다.
두 발이 점점 게을러지는 현실 속에서
구시대 유물처럼 보이는 저 성냥곽이
현대적인 건물의 차가운 대리석을 마주하며 아이러니한 웃음으로 일관한다.
이해(理解)는 창밖의 나무들을 흔들고
성냥을 그어도 탈 것 같지 않은 시퍼런 물오른 나무들이
그저 바람에 몸을 맡기고 있을 뿐이다.
언제나 함께 공감의 자리에 있는 것은 아니다.
세월의 공백들이 상충의 자리를 만들고
백지들에는 각기 다른 의미의 글을 새긴다.
성냥통은 연민의 편린들일 뿐이다.
어깨 너머로 글을 배웠던 어머니의 소망들이며
쓰지 않은 현대 속에 어머니의 손길과 따사로움과
달콤한 단술 같은 어머니의 한없는 수용의 공간을 그리

워할 때나
한 번쯤 보는 그런 물건인 것이다.
현대의 지성과 비판과 일상적인 허용의 공간에
버린 지 오랜 저 성냥통이 왜 있어야 하는지
왜 있는지
쉬 이해되지 않은 채 그곳을 떠나왔다.
빵과 된장국을 둔 밥상을 마주하고 앉은 불일치
그것이었다.

고향길을 걸으며

마을과 멀리 떨어진 외딴집이 있었다.
봄이면 오얏꽃이 피고 늙은 향나무가 있었다.
빠알갛게 익은 오얏이 익으면 군침을 삼키곤 했는데
어느 날 친구가 오얏을 치마 가득 따서 들고 왔었다.
소보로빵처럼 얼굴에 마마자국이 있는
그 후 아비는 길가에 살구나무를 심어서 길렀다.
친구는 부산으로 떠나고
어미 고생시킨다고 날마다 받은 눈총에
어찌 살구나무까지 심었는지.
토끼 이쁘다고 쓰다듬고 신기해하면
아비는 그 나무 아래 집을 지어 토끼를 사서 길렀다.
빨간 토끼눈이 어찌나 신기했는지.
간혹 새끼를 낳으면 어미는 새끼 낳았다고 가보라고 했다.
그곳에 붙어 서서 어린 토끼의 웅크린 모습을 보며
바들바들 떨고 있는 모습을 보며
잘 자랄 수 있을까? 그리고 또 한참을 지나면
어미는 새끼들을 먹이고 똥 치우고

어느 날 가보니 어미토끼처럼 살이 포동포동 올라 있었다.
어미나 아비나 간혹 푸념처럼 농사짓는 일이 재미가 없다며
간혹 큰 소리도 내가며 물에 물 탄 듯한 삶이라며
살구가 누렇게 익으면 하나씩 따서 먹곤 했는데
그것도 살구 좀 따서 오너라 해야만 그릇을 들고 나서곤 했던
순하디순한 어린 소녀의 작은 손
따박따박 걸었던 과수원 길의 작은 돌멩이들이
폐허처럼 변한 지금도 그렇게 있었다.

잃어버린 것들이 말을 걸어온다

어느 날 사진첩 속의 누렇게 희나리처럼 변한 흑백사진 한 장 어디론가 걸어가 버리고 들고 있던 다알리아 꽃도 촌티 흐르는 미소와 함께 사라져가고 있었다. 순박함도 함께 어디론가 걸어가 버리고 텅 빈 사진첩은 비어가는 가슴처럼 허무하기 시작했다.

세월은 바위를 풍화시키고 어디엔가 또 퇴적물을 쌓아 놓듯이 삶의 공간들이 형상을 달리하고 언제나 방위를 알려주는 나침반 같은 손가락질들이 생활의 일부분들을 슬그머니 가져가 형제와 아이와 남편을 바꾸고 어느새 많은 것들이 달려와 주위를 에워싸기 시작한다.

혼자 있는 시간들이 닫힌 문처럼 공간이동이 멈춰진 기능 이상의 블랙홀쯤에서 서성이다 잃어버린 것들이 없는지 확인을 하는 시간을 간혹 갖기도 한다.

나무의 가지들이 뻗어나가는 갈림들이 만들어지고 자라고 있는 쯤에서 새로운 잔가지를 자를까 그대로 둘까 때론 자르다가 어느 것은 그대로 두고 기르다가 왜틀어진 가지 하나 만나 고심을 하고 있다.

장소이동을 서두르는 발걸음들이 떨어져 나가버린 살

점들을 모아가며 무리를 만들어가다가 세월은 흐르고 삶의 공간도 날마다 유행의 흐름을 타기도 하고 간혹 그 속에 달항아리 같은 오래된 농담과 고여 있는 동굴 속의 목마름을 축일 수 있는 물을 만나기도 한다.

잃어버린 것들이 소멸되었다고 허둥대면 어디선가 고개를 들고 걸어 다니고 말을 한다. 숨바꼭질 같은 발걸음으로 때론 보였다가 사라지고 사라졌다가 웃으며 손짓을 하기도 한다.

어둠 속의 여행은 순조로우며 그곳에는 잃어버린 많은 것들이 숨어서 살아가고 잘라버린 가지들이 다시 싹을 틔워 새로운 나무들이 숲을 이루기도 한다. 왜틀어진 가지도 발을 내리며 햇볕에 부지런히 광합성의 맥박을 유지하고 있다.

가버린 시간들은 그저 그렇게

바닷물은 요동을 하여도 그 형상만 바꿀 뿐이고
구겨진 감정의 골들이 성난 바쿠스의 몸부림처럼
파고의 높이를 만들고
거칠고 험한 요동을 만들고
질서를 잃고 우주 은하계의 숨결도 잃고
그렇게 몇 날을 흐르고

또다시 바다는 옛날의 모습으로 돌아왔다.
상처와 아픔은 더 넓은 가슴을 열었다.
그 누가 이성과 생존의 씨실과
원초의 생명력과 감정의 골이라는 날실로
곱디고운 비단을 짤 수 있을까.
삼베의 거친 올이 드러낸 본살
중년의 나이를 물거품과 허공의 흰 구름으로 만든 그의 두 손바닥
수없는 시간 동안을 고운 비단은 아닐지라도
무명 정도는 될 거라고 짜고 있었는가.

걸어와 서 있는 곳이 숨결 거친 바다 위
바람에 돛을 맡긴 노인과 바다라는 소설 주인공의 삶의 한 정점을
이렇게 오르막길이 곤두선 채 깔깔대고 있었다.

평생을 정성들인 모든 것을 천재지변으로 잃는다고 했던가?
모든 것을 앗아가도 바다는 다시 모습을 바꿔 옛날 그대로이다.

다만 시간의 흐름과 공간 속의 대상만 바뀌어 있을 뿐이다.
사람들은 그것을 세월이라 했다.
연륜이라 했다.

바다는 요동을 해도 그저 형상만 바꿀 뿐이고
가버린 시간들은 그저 그렇게 있을 뿐이다.

산골마을 작은 집

선학표 양은그릇에 양파를 까본 사람은
시골 마당의 넓이를 안다.
타닥타닥 집 마당에서 타작을 해본 사람은
그저 좁쌀 한 줌으로 참새몰이나 해서
마당 한 귀퉁이 참새잡이나 하는 어린아이의 두 눈을 안다.
소박한 꿈을 키운 아이들이 도회를 꿈꾼다는 것이
무엇을 의미하는지를.

돌아올 놈과 돌아오지 않을 놈과 고향 마당 침을 뱉으며 등질 놈을 안다.
안성유기로 만든 놋그릇에 고봉밥을 먹고
그래도 그 그릇으로 엿을 바꿔먹은 놈과
평생 어미의 보물을 보는 놈과
싹수부터 다르다는 것을 모를 리가 있으랴.

어미의 손은 간혹 외롭다.
부지런하고 날렵하지만 외롭다.

그래도 어미들은 가슴을 달고 있어
유혹의 미학들이 높지 않은 마을 뒷산의 능선처럼 아늑하다.
어미의 주름진 배도 간혹 만지면
나른한 조름처럼 아랫목이 그리웁고
게으른 누렁이의 낮잠 끝에 오는 따뜻한 햇살 같다.

이끼 낀 검은 기와나 거친 나뭇결이 살아있는 마루 끝이나
싸리비로 쓸어놓은 모습이 나무의 나이테처럼 남아 있는 마당이나
차곡차곡 쌓인 장작더미들이
처마 아래마다 쳐놓은 거미줄과 함께
햇살을 받으며 흑백사진은 그저 누렇게 퇴색해가고 있다.
와송이 자란 검은 기와처럼 변해가는 사진을 보며
어미의 손길이 모자라 처마에 둥지 튼 새들의 흔적이며
도깨비 나온다는 붉은 빛 도는 마루의 한 귀퉁이하며

어미의 손길과 기다림으로는 힘겨운
외로운 산골마을 작은 집.

홍매의 미소

겨울은 치맛자락을 감추고
붉은 핏빛울음을 토해내고 있다
빙설의 신화들이 검은 그림자의 발걸음을 재촉하고
가도 가도 끝이 없는 수평선 향한 시선의 끝을 향해 손을 흔들고 있다
겨울이 토해낸 울음이 햇살을 받으며 수줍음으로 고개 숙이고

고갱의 손은 여전히 고독의 섬에서 홀로 나부끼고 있다
그 손끝에서는 마술처럼 홍매의 미소가 피어오르고
수줍음은 태양의 채광을 받아 삼십대의 붉은 입술을 가지고 있었다
겨울의 꼬리는 꽃뱀처럼 날렵하게 스쳐지나가고
더 이상 가지 말아야 할 곳을 서성이는 중년의 방황을
홍매는 붉은 미소로 봄을 맞이한다

가령 봄의 햇살이 꽃잎의 연약함을 모른다면
이른 봄에 광풍이 불어오는 것과 같을 것이며

홍매의 검은빛 가지들이 억센 손아귀로 다잡는 것은
뿌리의 든든함을 의지하라는 것일 것이며
하여 한 그루 홍매는 붉은 치맛자락에
선비의 붓끝을 품고 있다

음지의 한 그루 홍매는 만개의 꿈으로 부풀어 있는데
천년의 마음은 작은 손수건 한 장을 뭉게구름 편으로 보내었네

비가 오는 날

비가 억수같이 내릴 때 강변 언덕을 뛰어가면
이 아픔과 슬픔을 잊을 수 있을까?
인정할 수 없는 현실을 인정할 수 있을까?
빛은 구름 속에 숨고 바람과 굵은 빗발만 있을 때
뒤를 숨긴 웃음을 저 강물 위로 던질 수 있을까?
자유의 절대성을 인정할 수 있을까?
불가침의 영역을 침범했다는 사실을 인정할 수 있을까?
오래오래 강물에 떨어지는 빗방울을 보며
마음껏 눈물을 흘릴 수 있을까?

봉정사 풍경

하이얀 백합이 피어 있는 날보다
순결은 삼백육십 일 몸살을 앓고
백합의 구근들이 자라 지면을 오를 때도
그 몸살만큼의 꽃대를 만들 것이라는 생각을 하지 못했다.
한지로 가지런히 묶은 백합의 꽃잎 같은 여백들이
불경의 글자 하나하나 빼곡히 메울 때도
그 한지가 삼백육십 일의 그리움이라는 것을 몰랐다.
잠을 이루지 못한 그리움의 열병들이
어느 날 사라져버린 풍경소리의 공허로
백합처럼 순결한 어린 사미니의 모은 두 손으로
낭낭한 불경소리로

수천 년 자란 소나무의 기둥들이 비워낸
욕망의 회귀이려니.
큰 스님의 사리마다 불을 밝힌다.
닿는 발길마다 돌아오는 소식들이
향연(香煙)으로 안겨드는데.

자그마한 두 발이 게을러
찾지 못한 사랑들이여.

순결의 그리움과 아름다움들이
바람과 함께 떠난 풍경을 희롱할 때
차라리 두 눈은 멀어서 볼 수가 없다.
차라리 두 코는 멀어서 백합향마저 맡을 수가 없다.

흐르는 강물처럼

흐르는 강물에 서서 은빛 반짝이는 물결에 발목을 담그고
아우와 낚싯대를 드리워 쏘가리 낚시를 한다.
낚싯대를 던질 때마다 삶의 문제 하나 강물로 흘려보낸다.
고향이 청송이라는 것이 언제부턴가 거북해지기 시작했다.
맑은 청솔향이 바람 속에 거문고 소리를 낼 때
아름다운 꽃들을 길마다 심던 그 고향이
어느 날 근육을 키우고 아프리카의 어느 오지에서
낯선 그림자를 몰고 오기 시작했다.
해당화가 가시를 뽐내며 빨간 꽃을 피울 때도
도둑고양이처럼 살금살금 찾아오는 손님이 있었다.
흐르는 강물처럼 시간은 흐르고
흘러간 강물은 성공의 열쇠를 들고
고향의 마당을 쓸고 있다.
꽃들이 뚝뚝 떨어지는 해당화 가지런한 골목길까지

제4부

사람이라면

사람이 사람의 마음을 읽고
사람이 사람의 정을 담고
사람이 사람의 일부가 되고
사람이 사람의 손을 잡고 악수를 나눈다.

어떤 길을 걸어왔던가?
무엇을 찾으러 걸었던가?
얼마나 많은 시간을 걸었던가?

사람이 사람을 만나면 이 모든 것들이 하나가 된다.
사람이라는 단어의 집합체가 된다.
그대의 손가락이 나보다 길다 하더라도
그대의 키가 나보다 크다 하더라도

어느새 그대와 나는 하나의 공간 속에 함께 있다.

가슴속 작은 느티나무

어린 시절 말타기, 자치기, 뜀박질을 하여도
골목 어귀의 느티나무는 그냥 광합성 작용만 하였다.
푸른 하늘과 태양의 신이 지상으로 발길을 돌릴 때도
그 느티나무는 왜 그리 못생기게만 자랐을까.
굵직한 허리에 캥거루의 아기주머니 같은 동굴을 달고 있었고
검게 변해가는 그 나무의 모양이 흉측하게 보이기 시작했다.
삼신할머니가 아기를 점지해주는 것도 이 느티나무를 통해서이며
마을 동제를 지내며 마을의 안녕을 만들어주는 것도 느티나무였다고
나무껍질이 덕지덕지 세월의 흐름을 버릴 때도
그곳은 하이얀 백설기의 떡들이 마을 사람의 손과 손으로 나누어지고
손으로 전해지던 따뜻한 온기와 인정이 수천 년의 세월을 걸어서
입가의 미소로 전해지던 그 느티나무 아래에서

나는 한 그루 작은 느티나무를 키우기로 했다.

웅녀가 백일 동안 햇볕을 보지 않고 마늘을 먹고 있을 때

나의 두 손은 하이얀 백설기를 들고 웅녀의 가슴을 흠모하고 있었다.

웅녀의 가슴은 더웠고 모정과 사랑의 우물을 깊이 간직하고 있었다.

백일의 시간은 길었고 여인이 되기 위해 동굴의 의미를 되새기기 시작했다.

백설기의 오랜 시간성은 사각형의 각인을 옆구리에 차고

웅녀의 가슴 한편에 작은 무덤을 만들기 시작했다.

무덤 속에는 마을 사람의 사랑과 인정과 손길과 모정이 담겨 있었고

나는 그 무덤의 뚜껑을 열기 시작했다.

그 사각형에 대한 기억은 천년의 바람으로 느티나무의 실핏줄 같은 작은 잎을 흔들고

가지를 흔들고 마침내 웅녀의 보금자리인 느티나무가 만든 동굴에 이르러

벽에다 벽화를 그리기 시작했다.

웅녀의 손끝이 닿자 나의 가슴 한편은 작은 징소리로 울기 시작했고

그 후 웅녀도 나와 함께 벽화를 그리기 시작했다.

세모와 네모와 둥근 원의 작은 우주를 그려 넣은

아주 작은 느티나무가 나의 가슴에 자라서

파아란 잎들이 햇살에 빛을 발하기 시작했다.

도시의 회색성을 띤 빌딩의 은밀한 대화

도시의 건물들은 사계절의 변화 속에서도 그 표정에는 변함이 없다.

마주보는 네모난 눈들을 맞추며 끊임없는 대화를 시도한다.

시가지의 경제적 가치 변화와 새로운 디자인의 새로운 색상에 대해서도

빌딩의 입과 귀는 일상 속에서 열림과 닫힘의 논리와

순환과 규칙의 반복적인 논리 속에 있다.

때론 태백이나 설악과 같은 높은 산을 끌어와

벽에 기대어 보라고도 하고

설교와 교훈으로 일관하다가 돌아서 버리곤 한다.

높은 빌딩은 때론 스스로 산이 되기도 하는데

그곳을 향해 소리치고 말하고 울고 웃기도 하는데

빌딩은 정말 산인 것처럼 산울림을 돌려주기도 한다.

온갖 말을 다하여도 언제나 바보라고만 돌려주는 산울림은 사기꾼이다.

순수와 원시적인 생명력과 절대적인 순간을 핀셋으로 꼭 집어서 보여주며

스스로 사기꾼임을 자처하는 멀쑥한 모습이 도시적인 거리에 그림자로 누웠다.

무생명성이 달빛과 가로수의 나뭇잎으로 인해 생명을 찾고

영원성 속에서 은밀한 대화를 달빛처럼 흘리고 있다.

무정형의 다채로운 창문마다 다른 화소(話素)들로 가득 차고

해가 지면서 회색빛 거리에 이야기를 토해내기 시작한다.

도시는 불빛으로 화려하고 도시는 불빛으로 화장을 시작한다.

불빛과 불빛으로 그려내는 이 도시의 은밀한 대화들

그것들이 화려한 밤거리를 초월해 별빛을 닮아갈 때

비로소 빌딩은 그 형체를 드러내기 시작한다.

무정형과 무생명의 초탈을 시도하는 도회의 몸부림이여.

오라고만 하는 산

산골마을에 살고 있었던 순박한 소녀의 단발머리가
햇살을 받아 올올마다 반짝일 때
검은 머릿결마다 태곳적부터 내려오는 옛 이야기 한 소절씩 숨어 있고
참빗의 가는 살마다 흘러내리는 머리카락
그렇게 머리를 빗을 때도 산은 언제나 그곳에서 손짓만 한다.
진분홍진달래가 피었다고
중년의 여인들은 꽃전을 위해 진분홍 물결 속에 몸을 맡기고
이팔청춘 어린 여인들은 꽃단장으로 몸을 가꾸며
연분홍빛 볼우물에 담긴 부끄럼으로 오랜만의 외출을 기다린다.
사자바위에 얽힌 이야기며, 아기 진달래에 얽힌 이야기며,
현재와 과거의 사다리를 지날 때도 여인들은 산의 높이를 가늠하지 못했다.
걸어도 걸어도 산등성이 높이야 다 그만그만하다지만

문득 앞을 가로막은 바위산은 손짓만 할 뿐이다.

오라고 손짓만 할 뿐이다.

모든 것을 내어준 산이 나체로 앉아 있어도

인간의 아둔함과 우매함은 이름 없는 나무들로 자라고

나무와 나무의 엉킴들이 우뚝한 바위 아래 가부좌를 틀고 앉았어도

연분홍의 여성성이 서서히 연록의 남성성으로 바뀌어 가는 계절의 변화와

높이의 의미를 숨긴 산을 그저 웃으며 바라보며 손짓만 할 뿐이다.

하느님의 부르심으로 고이 빚어 꽂은 부용의 자태를 산 정상의 꽃봉오리를

어느덧 부처님이 그 바위에 앉아서 불경을 설하기 시작했다.

그 무엇을 위해 이렇게 높은 곳까지 올랐을까?

하늘을 닮고 싶었을까? 구름을 닮고 싶었을까?

부처님의 손끝에 위태로이 소혹성이 놀고 있고

산의 높이도 꽃분홍이 연록으로 바뀌는 계절의 변화도

모두 지나온 그곳쯤에서 바위는

갑남을녀로 된 인간들을 향해 부드러운 미소로 말할 뿐이다.

그저 이곳으로 오라고 손짓만 할 뿐이다.

갈리아노와 한 송이 장미

어느 날 교정을 떠나는 한 여선생님이 선물을 보내왔다. 갈리아노의 노오란 목이 긴 한 병의 술과 검붉은 흑장미 한 송이를. 선물 하나에 한 글자씩 이별이라는 단어를 붙여놓고는 그 의미의 깊이를 방임하기로 했다. 그저 이별이란 새로운 시작과 새로운 의미들을 찾기 위한 새로운 여행의 준비일 거라는 가슴의 깊이만큼 참 단순한 뜻풀이 정도로 만족하며 그 이별에 대해 더 이상 생각지 않기로 했다. 시간이 지날수록 익숙하지 않은 갈리아노의 맛이 참 고운 빛깔이라는 생각을 했다. 감히 마시기 어려울 정도로 너무 고왔다. 그런 생각이 든 후 그저 말린 문어만 그저 계속 씹어대기 시작했다. 한 번도 본 적 없는 바퀴벌레를 처음 만난 방구석에 갈리아노가 웬 말이냐며 천박한 생각까지 하며 안주만 씹었다. 턱관절에 이상한 소리가 날 때까지 그 딱딱함을 즐기기 시작했다. 그럴수록 독특해지는 갈리아노의 빛깔이 어느 날 눈부시게 빛나기까지 했다.

빨간 흑장미. 작은 언니가 날마다 그 장미에 대해 얼마나 찬사를 보내었던가. 선홍빛의 끝부분이 다소 검붉은 빛을 띤. 붉은 장미만 받으면 드라이플라워를 만들어 흑장미 빛깔로 만들어 놓곤 했다. 이별의 순간 이 꽃을 왜 선물했을까? 한 잎 한 잎 고이 감싼 그 꽃의 의미를 언제쯤 알 수 있을까? 그 많은 빨간 꽃잎도 모두 물음표였다. 그 작은 방이 온통 물음표로 가득 찼지만 그 난무하던 소문의 끝을 잡을 수는 없었다. 씨앗을 뿌려서 저렇게 빨간 한 송이의 절대 완결을 이룰 수 있다는 사실에 그저 탄성을 보낼 뿐이었다. 이별의 선물을 꽂아 두고 작은 언니의 소망을 그려보기도 하고 그 소망과 떠나간 선생님의 소망을 같은 항목으로 묶어 보기도 했다. 이별의 슬픔은 어느새 한 송이 붉은 분명한 소망으로 인식되기 시작했다. 사랑과 고귀와 보석과 여성성에 대한 숭배. 한 잎 한 잎 고운 갈리아노의 풀리지 않은 노오란 빛깔 그리고 사랑과 고귀와 보석과 여성성의 극치를 상징하였던 그 붉은 잎들의 오므린 손바닥을 어찌 잊을 수 있겠는가? 잊을 수 없는 갈리아노와 붉은 흑장미의 손짓이여. 이별이여.

고운 연분홍 꽃잎의 함정

봄날의 햇살은 눈부시고
바람에 날리는 연분홍 꽃잎은 날개가 없다.
하늘을 향해 날지 못하는 비운의 신화들이
길바닥을 구를 때도 그 결말을 예견하기는 힘들지 않겠나
아름답고 연약한 벚꽃의 가벼운 외출이
위태로운 봄날의 여린 감정을 상승의 기운 위에 편승하게 한다.

연분홍빛 꽃잎 속의 봄은
은반 위의 가벼운 무용수의 발걸음이다.
정열의 화신들이 정복의 욕구로 남성성을 과시할 때일수록
더욱 가볍고 경쾌해지는 꽃잎의 비밀은 가슴까지 드러낸 채
햇살에 눈부시고 푸른 창공은 꽃잎의 찬미로 가득하다.

이제 추락의 미를 즐길 시간

봄비에 몸을 맡겨야 할 시간
지상에 몸이 닿을 때 비로소 연분홍 치맛자락은 함정을 지각한다.
날개를 접은 여린 생명의 종말이여!
마지막까지 고운 빛깔의 환상을 버리지 않는 자존이여!
하얀 문창마다 여린 봄비는 연분홍 고운 빛깔로 내린다.
손이 닿으면 온몸과 가슴까지 꽃잎 되어
함께 빠져들어야 할 필연성을 내포한 깊은 내면의 함정.

이 봄날의 추락은 어둠 속에서도 고운 손짓으로
깊은 함정을 향한 비단 손수건을 흔들어 대고 있다.
찬란한 유혹이여! 애절하고 고운 여인의 내밀한 목소리여!
그대 종말은 찬란한 함정으로의 이끎을 준비하였구나!
이 가슴마저 그대의 손길에 물든다면
이 모든 것이 그대의 것이며
이 모든 것이 그대의 종말과 동시적인 함정의 유혹
고운 손길에 물든 가슴의 떨림이여!

종말의 아름다움이여!
새로운 함정의 출발이여! 눈부신 낙화여!

새벽을 함께 맞이하지 말고
어둠 속에서의 성급한 이별을 준비하지 못한 실수여!
연분홍 새벽의 함정을 함께 맞이한
눈부신 아름다움의 결말이여!
뒷모습을 감추고 있는 그대 연분홍 치맛자락이여!
백지와 같은 새벽의 함정이여! 낙화여!
소멸의 순간까지 가슴으로 품고 있는 이 지상의 유혹이여!

우리 두 귀를 다시 달기로 했다

일상적으로 살다보니
어느새 귀가 어디론가 달아나버렸다.
잘 닦여진 아스팔트와 번듯하게 서있는 도시의 빌딩과 상가
잘 정리된 시가지의 꽃들이 만발하여
두 눈을 채울 때 어디론가 뒷걸음질한 두 귀가
어느 산비탈에 빼곡히 메운 달동네 같은 동네의 어느 담장에 기대고 있다.
도망간 혈육처럼 도둑걸음으로 어디론가 방황하는 귀를
달빛이 다시 가져다가 두 손에 쥐여 주었다.
어느새 보름이었을까 보름달 속엔 토끼가 부지런을 떨고 있고
도회의 잘 정리된 네모난 도형 속에서
오늘부터 공모를 했는데 관능과 매혹의 귀를 달아보자고
왜 그랬을까 어머니의 손이나 어머니의 젖가슴이나
누이의 미소나 아님 어촌이나 농촌에서 흘리는 농부나 어부의 소망이나
아님 자연의 신비나 뭐 이런 것들을 들을 수 있는 귀를

달지 않고

여인의 가는 실크로 이루어진 어깨끈이나

젖가슴의 볼록한 모습이 잘 드러난 속옷이나

남성의 잘 다듬어진 허리까지 드러낸 상체나

엉덩이 근육까지 잘 드러낸 벗은 뒷모습

이런 것들을 닮은 건물과 음악과 그림과 사진을 들을 수 있는 귀를 달기로 했다.

음란이나 색정까지야 책임질 수 없다는 굵은 선을 그어 놓고

이 도회에 던져놓은 현대인의 부조리를 감지할 수 있는 두 귀를 달아보자고

두 귀를 달면 저 화려한 도회의 거만을 이해할 수 있을까?

저 화려한 도회의 사치를 이해할 수 있을까?

저 화려한 도회의 음란을 이해할 수 있을까?

도회의 그림자는 귀를 새로 달라고 유혹의 손길을 내밀기 시작했다.

관능적이고 매혹적인 두 손이 가는 음성의 소리로

내밀한 언어로 노래 부르기 시작했다.

잠깐의 시간이 고려 말이나 조선 후기의 전도된 가치에 대한 비꼼까지 거슬러 가는

초고속의 속도와 집적된 홍수의 물결 속에서

두 귀는 회오리바람 소리로 가득 찼다.

현대인이여! 우리 두 귀를 다시 달기로 했다.

현대의 내밀한 소리를 들을 수 있는 색깔 있는 두 귀를 달기로 했다.

두 귀를 달면 앙큼한 일탈의 의미를 새로이 해석할 수 있을지.

토하지 않고 술을 마실 수 있을지.

도회의 돌출 행동에 당황하지 않을 수 있을지.

두 발의 보폭을 일정하게 저 사각의 보도블록을 밟을 수 있을지.

왜곡되지 않은 사실성의 경박을 잘 순화시킬 수 있는 귀를 다시 달기로 했다.

낱말들의 반란

초등학생의 눈은 빛난다.
어머니라는 단어의 의미의 폭을
그들은 바이올린이나 피아노나 아님 노래로도 표현한다.
현이나 건반이 잘 조율된 그런 악기를 타며 고개를 갸우뚱하는
머리카락의 흔들림마저 그 의미의 폭을 담아낸다.

엄마 사랑이 뭐야?
글쎄 무엇으로 표현할까?
그림을 그리다가 글을 쓰다가 그러다가 안 되면
따뜻한 밥상에 따뜻한 국 한 그릇 올리며 짓는 미소로 담아낸다.
그래도 사랑을 물으면 그저 팔베개하고 옛날이야기나
오손도손 하루의 일들을 이야기하며 짓는 미소로 대신한다.
그 미소의 흔들림마저 사랑이란 단어의 의미를 담아낸다.

아이는 뜀박질을 잘한다.
뛰면서 악기 소리도 함께 뛰고
따뜻한 국도 옛날이야기도 함께 뛰고
그러다가 아이는 꿈속에서 꿈을 꾸게 된다.
파아란 들판과 파아란 하늘 속에서
어머니, 사랑 그리고 나라는 삼중창의 화음을 듣게 된다.

간혹 말풍선처럼 떠다니는 구름을
꼭꼭 찔러 터뜨리며 무지개다리를 건널 때는
어머니란 단어도 사랑이란 단어도
방울방울 빗방울 되어 떨어져 내린다.
바람이 불어오면 이러한 단어들이 이리저리 날아다니며
작은 반란을 일으킨다.
어머니도 몰라
사랑도 몰라

아이는 그저 한 개의 악기를 잡고
손에 피멍이 들도록 현을 누르고

활로 음을 탈 뿐이다.
어머니의 의미도 사랑의 의미도
활의 움직임만큼의 폭을 지니게 된다.

무릎을 꿇고 앉는다지만

방을 닦거나
차를 마시거나
식당에서 밥을 먹을 때나
또는 종교적인 장소에서 무릎을 꿇어서 앉는다고 하지만
가지런히 두 발을 모아 꿇어서
허리를 세우고 앉는다지만
머리끝은 꼿꼿하게 서고
느린 걸음은 까닭을 만들어 내고 있다.

방을 무릎을 꿇어 닦으면서도
쌓인 먼지의 의미를 알지 못하고
가슴이 아파도 사람들은 떠난다.
완전한 눈과 코와 입을 가지고도
발의 움직임을 감지하지 못한다.

차라리 하나의 눈으로 차라리 말 못하는 벙어리로
차라리 냄새에 둔한 감각의 코로 살았더라면
피부에 스치는 바람은 오히려 아름다운 악기로 울리었

을 것이다.

오랫동안 주지 못하고 손에 쥐고만 있었던

강가에서 주운 작은 조약돌도

이미 사랑하는 이의 가슴에서 아리따운 노래가 되었을 것이다.

가슴과 가슴으로 온통 세상이 하나가 되었던 순간도

아마 사랑과 영원의 절대성 속에 그 가치의 칼날을 갈고 있었을 것이다.

손을 가슴에 대면 세모가 나타나

무릎 꿇은 모습을 물끄러미 바라보고

다시 손을 대어 보면 네모가 나타나

무릎 꿇은 모습을 물끄러미 바라보고.

두 손을 가만히 얹어 심장의 규칙성을 감지하기 시작하면

왜 내가 무릎을 꿇고 앉아야 했던가라는 의문의 순간들이

무한의 밤하늘을 향해 그 모습을 감추어 버린다.
무릎 꿇고 앉은 자는 겸허한 사랑을 알리라.
개화하는 꽃의 아름다운 날갯짓보다
지는 꽃의 마지막 순수한 종말의 날갯짓에 숨겨진
그 숭고함을 이해하리라.
무릎을 꿇고 앉는다지만 몇 날의 몇 밤을
시간성마저 잊어야 저 질서의 일부로 그러하게
무수한 입자의 공기방울이 되거나
미세한 공기 입자들이 나의 일부가 되거나

무릎을 꿇는다지만
이 미세한 떨림의 의미를 누가 알 수 있겠는가?
무릎을 꿇은 것이 나인지.
아님 다른 것인지. 타인의 거울인지.

벽들과 벽들 사이

79년 새로운 현대식 건물의 가옥으로 지은 새집을 가지게 되었다.

타일을 붙인 그런 건물이었다.

무엇보다 혼자서 방을 쓸 수 있게 된 것이 너무 기뻤다.

마을은 농촌이지만 아주 현대식으로 이루어지면서

연탄이 들어오고 벽들이 모두 벽돌로 네모반듯하게

그 자태를 뽐내고 있었다.

벽들과 벽들 사이 그래도 얼굴을 내밀며

서로의 대화가 오가고

따뜻한 밥그릇과 떡들이 오가고

팥죽이나 호박죽들이 오가고

그러면서 그 네모난 벽들은 다만 형체만 남기 시작했다.

달님도 벽으로 걸어 들어가고

햇님도 벽으로 걸어 들어가고

어느 날 문득 보니 똑같은 것들이 여기도 있고 저기도 있고

그러면서 얻은 병환이 있게 되었는데

계단의 의미와 벽의 의미들이 천사의 날개를 달고 날아

가 버렸다.

다만 깍듯이 머리 숙인 인사로 길을 오가며

거리엔 미소와 즐거움으로 키 작은 채송화를 줄지어 심고

어느 날 어여쁜 종이꽃도 심고

그 후 읍내엔 새로운 필기구가 나타나기 시작했다.

그것이 만년필이었는데 그 후 또 다른 병을 하나 얻기 시작했다.

그것은 기쁨과 슬픔과 아픔의 구별점을 잃은 것이다.

그러면서 제인 에어나 폭풍의 언덕, 말테의 수기…

초등 6학년 때에 보았던 고전과는 다른 책들이 들어오기 시작했다.

어여쁜 드레스의 우아함에 도취된 후

여인의 모습을 연필로 따라서 그리던 그 그림 속의 여인들은 모두 드레스였다.

그것이 기쁨인지 슬픔인지 아픔인지

벽들과 벽들 사이 여전히 달님과 햇님은 벽 사이를 넘나들고

그림자들끼리 어깨도 기대고

그러한 시간들 속에서도 동네 길은 아름다운 꽃들로 치장되고

웃음과 즐거움을 나누는 그런 모습이었다.

어미들의 쑥덕공론은 도둑고양이처럼 어디론가 숨어버리고

마을의 벽들은 그저 귀머거리가 된 채

돌려서 올려놓은 벽돌 구멍마다 그저 잔가지 많은 채송화만 가득할 뿐이었다.

그 후 많은 세월이 흘렀나 보다

어느 날 집에 들렀더니 어미는 고양이 한 마리 잡아먹든지 해야겠다며

건강을 나무라고 있었다.

어느 날 큰언니는 홀로 웃음을 호호 대더니

쑥이 좋은데 쑥떡이나 해먹을까 그러더니 훌쩍 앞선 걸음이었다.

그때도 벽들은 사람들의 눈을 피해

서로서로 눈짓과 발짓과 표정과 심지어는 그림자놀이

까지 하고 있었다.

벽에 기대어 말타기하던 사내아이들이 어느 날 그 벽에 대고
오줌발을 시험하던 그때에도
벽과 벽들은 공간성을 허물고 있었던 것이다.
아주 바람이 세차게 불던 날
할아비의 목소리는 강가에까지 쩌렁거리며
무언가 잃은 물건을 찾고 있었다.
벽들은 청태 낀 얼굴로 나이를 먹고 있었던 것이다.
간혹 우물에 옹기를 들고 물을 길어 오라던 어미가
어느 날 빨래 담은 함지박을 밀며 빨래를 해오라고 하더니
추운 겨울이 오면 호미를 지어주며 냉이를 캐서 오라고 하더니
그런 일들을 겪으며 누구의 과수원이 잘 다듬어졌는지
누구의 밭들이 동네에서 가장 많은지
이런 생각이 싹틀 무렵 그곳을 떠나오고
그때에도 그 벽들은 서로 가슴마저 비벼대며

벽과 벽 사이엔 이미 공간성이 무의미해지고
모든 벽들이 어둠을 틈타 커다란 밭에 금을 그어놓고
뜀뛰기 놀이를 즐기고 있었다. 환한 달빛 아래에서

심장이 멎을 것 같은 찰나

강물은 낮은 곳에서 높은 곳으로 흐르지 않고
나무의 뿌리가 하늘을 향하지 않듯이
감정의 골짜기는 청춘의 상징이어니.
화산의 불길이 솟아올라 산정을 타고 내리듯
때론 가장 아름다운 순간에 심장이 멈춘다.
손길이 닿는 곳마다 피어나는 꽃들이
아름다운 오월 장미의 자태로 빛날 때
멈춘 심장이 저음의 음률로 갈비뼈마다 살아서
기나긴 손가락의 가녀린 힘을 느끼며 움직이기 시작한다.
오월의 장미는 달빛 아래 빛나고
릴케의 비가(悲歌)는 간혹 내리는 빗방울이어니
자라는 잔디의 뾰족한 잎들이 날카로운 끝들을 햇살아
래 키울 때도
그저 새벽이슬은 맑고 고운 목소리로
낭만적이고 아름다운 노래만 부를 뿐이었다.
먼 산 너머 해가 지는 저 너머에서
무소가 뿔을 키우고 있을 때도 그러했고
연꽃이 잎을 뚝뚝 떨어뜨릴 때도 그러했고

붉은 노을이 작은 손을 흔들어 보일 때도 그러했다.
천사들이 파아란 하늘과 구름 위에
오색찬란한 색실로 수를 놓고
수놓은 구름으로 옷을 지어 입을 때도 그러했다.
멈춘 듯한 심장의 고동이 지층의 심장처럼
뛰어도 그저 젊은 시절의 단거리 마라톤 구간일 뿐
이성의 늪은 지구 저편에서 숨을 죽이고
감정의 바다에서 아름다운 연가의 아름다운 선율 위에
선녀가 올라 앉아 노래 부를 때
날새들과 들짐승과 눈 맑은 사슴과 으르렁대던 사자까지도
심장이 멎을 것 같은 찰나 속에서
작은 산소방울의 요염을 희롱한다.
영화의 한 장면은 막을 내리고
가도 가도 푸른 하늘이 발바닥에 밟히는 현실 속에서
거꾸로 서서 걸어가는 찰나
한 마리 독수리가 발등을 간질이고 지나간다.
심장이 멎을 것 같은 이런 찰나에

바람 부는 날이면 길을 걷는다

바람이 부는 날이면 겨드랑이 앙상한 틈 사이 바람이 스며들기 시작하고

걸어도 길바닥을 딛는 발걸음은 무중력 상태이다.

이런 날엔 사랑이 그리웁다.

그 사랑은 직장 동료이다가 제자이다가 학원 강사이다가 때론 술집여자이기도 하다.

절대적인 가치의 잣대가 어느 날 도망간 아내와 함께 사라져 버렸다.

감정의 물꼬들이 어디 하나로 흐르겠나.

주머니의 동전들이 반란을 일으키며

스산한 바람 속에 작은 물방울들로 날린다.

가도 가도 그저 황량한 도시의 비애 어린 거리

가로수의 푸른 잎들이 사막에서 잎을 피우고 있듯

그 푸르름이 그저 이 도시에선 한 술집여자의 앙탈처럼 여겨진다.

감정을 과학적인 기호로 도식화한다는 것은 불가능하다.

이 마음을 화학적인 성분으로 분석한다는 것은 전혀 불가능하다.

이 비애와 사랑을 경제적인 가치와 전망으로 계산한다는 것도 불가능하다.

거리의 쓰레기들을 줄일 수는 있어도

날마다 일어나는 가슴속의 감정을 무엇으로 나타낼 수 있겠는가.

바람이 불기만 하면 흔들리는 이 감정의 소용돌이를

이성으로 가둘 수 있다는 것은 불가능이다.

말들의 반란처럼 사막을 뛰는 야생동물들의 무리처럼

밤 12시만 되면 우루루 우루루 일어나는 것을

잠잘 수 없는 밤들을 잠재울 수 있는 것은

감정의 불꽃을 사그라질 수 있게 하는 것은

밤마다 외출을 시도하고

담을 넘는 감정놀음이 끝나면 또 하루가 시작된다.

감정도 마음도 주머니의 지전도 모두 소멸된 하루가 또 시작된다.

차고 기우는 달도 어둠과 함께 사라지고

하이얀 새벽이 웃음 짓는 창백한 하루의 시작이다.

해설

세상 보듬기와 근원을 향한 시선

손진은 시인 · 경주대 교수

1. 세상을 향한 열린 자세

신혜경 시인의 시들을 읽고 있노라면 시에 대한 관심이 매우 오래되었음을 알겠다. 그의 개인적인 문학에 대한 관점과 독서의 편린, 서정성, 시절의 향기 등은 「편지」라는 시에 잘 나타난다. 그는 오랫동안 시에 대한 희망의 끈을 놓지 않고 지속시켜왔다. 그는 우리가 살고 있는 흙먼지 이는 도시에서도 시의 서정을 포기하지 않는다. 이런 서정이 알게 모르게 그의 시에 바탕을 이루고 있다. 이 삭막한 콘크리트 바닥에서도 생명의 몸짓은 살아 움직인다. 그것은 생명에 대한, 시에 대한 향수다. 이때 시는 울림이요, 움직임이요, 음악이다.

아마 저 주택 어디쯤에서 날아 들어온 귀뚜리인가 보다.
홀로 또록또로록 밤새 쉬지 않고 울어대는 그 열정이
한밤의 별빛을 선물한다.
도시적인 생활에 도시적인 정서에 도시적인 논리에
빈틈없는 사각의 논리에
귀뚜리가 이곳에서 울음을 울 수 있다는 것은 불가능이다.
거짓말처럼 엘리베이터를 타고 온 귀뚜라미
밤새 우는 그 울음이 누구의 가슴을 울리고 싶었을까?
누구의 가슴에 잠들지 않는 하나의 종이었을까?
귀뚜라미가 아니어도 언제나 울리는 종 하나쯤 달고 살아야 하는데
한 뼘 창문으로 들어온 별빛만큼의 공간에서
울고 있는 종이 잠들지 않는 시간에 그림자를 그렸는지
와송이 자라던 저 아래 주택에서 이 작은 귀뚜리를 보내었는지
도시는 잠들어도 잠들지 못하는 많은 것들이
별빛의 선율을 타는 울음들이여.
사람들의 가슴마다 하나의 작은 종이 되어
함께 울려 아름다운 화음의 밤물결을 이룰 한밤의 풀벌레들이여.
언제인가 이렇게 한 마리 풀벌레로
누구의 가슴에 하나의 종을 달아주고 싶은

아파트 창문만 한 작은 소망이여.

—「아파트 벽 틈 사이 귀뚜라미 울음소리」 부분

"사각의 논리"가 빈틈없이 우리의 삶과 사고, 의지마저 가두고 지배하고 있는 이 현실에서 귀뚜라미는 기어이 찾아와서 "가슴에 잠들지 않는 하나의 종"을 달고 "아름다운 화음의 밤물결"을 이루고 있는 것이다. 그것은 이곳에도 자유로운 영혼이 있다는 것, 아니 애당초 우리 모두는 자유로운 영혼이라는 일깨움을 동반하고 있는 것이다. 말하자면 우리 대신 귀뚜라미는 울고 있다. 시인은 귀뚜라미를 전면에 내세우고 있지만 자연스레 아파트에 갇힌 군상들에게 눈과 귀가 간다. 알고 보면 우리는 명랑하고 신선한 감각을 가지고 있는 저마다의 귀뚜라미인 것이다. 도시에 살고 있는 한 마리의 귀뚜라미. 귀뚜라미 소리에 귀를 열었던 우리가 이제 삶의 밑바닥으로 내려와 타자의 삶에 대해 귀를 열어두고 있는 한 마리 새로운 귀뚜라미, 작부가 된다.

삶이 술집 작부와 같다면
날마다 농을 주고받고
삶의 응어리 술로써 견디는
후지디후진 시장 바닥의 한 귀퉁이에 있는

폭 익은 김치 한 조각에 막걸리 한사발로
하루를 모두 씹고 허리끈을 풀어야 집으로 발길을 돌리는
숱한 인부들과 헐한 노동자와 시장에 앉은 노점상들을 상대하는
그런 술집 작부와 같다면야

많은 시간 마음을 비우고
타인의 삶의 투정을 들어 주어야 하는 여유를 가져야 하지 않겠나
팍팍한 삶이 일상의 속성이라 하더라도
함께 간혹 언성을 높인다 하더라도
얼마나 많은 것들을 버려야 그 작부 노릇을 하겠는가

지나면서 던졌던
우리 에미는 작부였다던 그의 말이
툭박진 손가락 마디마디 굵은 마디마다 굳은살로 자리 잡았는데
막걸리 한 사발에 녹아난 삶이
그 얼마더냐 술집의 바닥에는 삶의 진딧물이 바닥바닥 배겼는데

우리 에미는 작부였다고

한잔 술에 구성진 노랫가락으로 젓가락 장단 정도는
그래도 그 정도는 맞출 수 있는
삶의 헤어진 누더기를
노랫가락으로 기워주고 기워 입을 수는 있는 그런 작부였다고
우리 에미는

미친 놈들과 미친 년들이 모여
삶을 꼬깃꼬깃 접을 때도
그녀는 때론 고춧가루 한 점 정도 덜 씻긴 탁배기 사발에
손으로 흐르는 술을 훔치며
잔을 건네며 삶이 별거 있느냐는
대거리 정도는 할 줄 아는
우리 에미는 작부였다고

—「우리 에미는 술집 여자다」 전문

인부와 노동자와 노점상을 상대하는 작부는 아래로 아래로 내려가는 밑바닥의 음성을 거둬들이는 존재다. 작부는 "많은 시간 마음을 비우고" "타인의 삶의 투정을 들어주어야 하는 여유"를 가져야 하는 존재다. 이 덕이 신혜경 시에 스며 있다. 그는 자신이 모르는 것을, 사물의 자초지종을 먼저 내뱉는 것이 아니라 타자의 삶과 사물의 결에

닿아 그것을 감싸 안으며 그 "투정을" 낱낱이 들으려 한다. "고춧가루 한 점 정도 덜 씻긴 탁배기 사발에/손으로 흐르는 술을 훔치며/…… 삶이 별거 있느냐는/대거리 정도는 할 줄 아는" 존재이고 싶은 것이다. 이는 신혜경 시의 시적 방법론에 해당한다. 만사를 있는 그대로 받아들이는 넉넉한 빛을, 타자의 소리에 같은 호흡으로 반응하는 리듬을 그의 시의 행간에 품고 싶은 것이다. 시인은 타자의 삶과 완전히 하나가 되는 일체감을 세상을 향해 열린 귀를 통해 꿈꾸고 있는 것이다. 그의 이런 태도는 세상의 모든 소리를 다 들어주고 동조해주는 모성적인 시각이라 할 수 있다.

2. 근원을 향한 시선

시인의 시선은 낮은 곳, 자연, 귀는 근원으로 향해 있다. 신혜경의 시에서 대상은 눈에 보이는 사물, 일상적이고 효용적인 기능을 하는 것으로서가 아니라 근원적이고 영원적이며 때로는 주술적인 기능을 하고 있음을 우리는 볼 수 있다. 예컨대 「오라고만 하는 산」에서

> 산골마을에 살고 있었던 순박한 소녀의 단발머리가
> 햇살을 받아 올올마다 반짝일 때

검은 머릿결마다 태곳적부터 내려오는 옛 이야기 한 소절씩 숨어 있고
참빗의 가는 살마다 흘러내리는 머리카락
그렇게 머리를 빗을 때도 산은 언제나 그곳에서 손짓만 한다

고 했을 때 그 산의 몸짓은 통시적 동일성, 즉 시간을 초월해서 이루어지는 속성을 가진다. 오래전부터 하고 있었던 행위를 지금도 하고 있다는 것이다. 통시적 동일성은 가변적 현실에서도 변하지 않고 또 변해서는 안 되며, 변할 수 없는 본질에 대한 믿음을 그 기초로 하고 있다.

가슴으로 울어라.
징하게 울어라.
투박한 손길로 울어라.
산골의 궁핍과 아궁이의 타오르는 불길로 울어라.

너의 소리는
수천 년을 거슬러 올라가
아랫방 새끼줄 꼬며
굵어진 손마디로
그래도 이렇게 살아야 하는 삶이 억울하면

소 한 마리 개 한 마리 묶어 잡던
그 굵어진 손마디로
북채를 잡고
둥둥둥 그렇게 울어라.

주인 아가씨의 고운 미소마저
서러움으로 솟구치면
동네를 아무리 돌아다녀도 그 서러움이 사그라지지 않으
면
소가죽의 투박한 소리로 그렇게 울어라.
둥둥둥 둥둥둥

가슴 밑바닥까지
땅의 소리로
울어라 더 크게 울어라.
가죽의 울림이 너의 가슴이어니
서러움이 아픔이
세상의 숨결로 피어오를 때까지
타인의 가슴을 울릴 때까지
둥둥둥 그렇게 울어라 북이여.

—「북소리」 전문

북소리는 흔히 듣는 일상의 소리가 아니다. 뿌리 깊은 연원을 담고 있다. 근대화 이전 우리 주변에 가장 흔하게 있었다고 생각되는, 삶의 형식이 달라지고 변했지만 아직도 우리 마음 저변에 흐르고 있는 어떤 보편적인 인물의 가슴속에서 흘러나오는 소리라고 할 수 있다. 이 시에서는 구체적으로 아랫방에서 새끼줄 꼬며 굵어진 손마디로 살아가는 한 사내의 가슴에 맺힌 응어리가 풀려나오는 소리다. 이 설움은 수천 년이라는 원초적 시간을 거슬러 올라간다. "억울하면 소 한 마리 개 한 마리 묶어 잡던/그 굵어진 손마디로/북채를 잡는" "주인 아가씨의 고운 미소마저/서러움으로 솟구치면/동네를 아무리 돌아다녀도" "사그라지지 않던" "그 서러움"의 결정이 올올이 스며 나오는 소리다. 그 "가죽의 울림"은 바로 "그 사내의 울림"이고, 그것은 바로 "세상의 숨결로 피어오"른다. 말하자면 수천 년을 거슬러 오르는 시간성과 땅의 소리라는 드넓은 공간성의 씨줄과 날줄로 확장된다. 시인은 북소리를 통해서 우리 민족의 가장 질긴 혼을 승화시키고 싶었던 것이다.

어린 시절 말타기, 자치기, 뜀박질을 하여도
골목 어귀의 느티나무는 그냥 광합성 작용만 하였다.
푸른 하늘과 태양의 신이 지상으로 발길을 돌릴 때도
그 느티나무는 왜 그리 못생기게만 자랐을까.

굵직한 허리에 캥거루의 아기주머니 같은 동굴을 달고 있었고

검게 변해가는 그 나무의 모양이 흉측하게 보이기 시작했다.

삼신할머니가 아기를 점지해주는 것도 이 느티나무를 통해서이며

마을 동제를 지내며 마을의 안녕을 만들어주는 것도 느티나무였다고

나무껍질이 덕지덕지 세월의 흐름을 버릴 때도

그곳은 하이얀 백설기의 떡들이 마을 사람의 손과 손으로 나누어지고

손으로 전해지던 따뜻한 온기와 인정이 수천 년의 세월을 걸어서

입가의 미소로 전해지던 그 느티나무 아래에서

한 그루 작은 느티나무를 키우기로 했다.

웅녀가 백일 동안 햇볕을 보지 않고 마늘을 먹고 있을 때

두 손은 하이얀 백설기를 들고 웅녀의 가슴을 흠모하고 있었다.

웅녀의 가슴은 더웠고 모정과 사랑의 우물을 깊이 간직하고 있었다.

백일의 시간은 길었고 여인이 되기 위해 동굴의 의미를 되새기기 시작했다.

백설기의 오랜 시간성은 사각형의 각인을 옆구리에 차고
웅녀의 가슴 한편에 작은 무덤을 만들기 시작했다.
무덤 속에는 마을 사람의 사랑과 인정과 손길과 모정이 담겨 있었고
그 무덤의 뚜껑을 열기 시작했다.
그 사각형에 대한 기억은 천년의 바람으로 느티나무의 실핏줄 같은 작은 잎을 흔들고
가지를 흔들고 마침내 웅녀의 보금자리인 느티나무가 만든 동굴에 이르러
벽에다 벽화를 그리기 시작했다.
웅녀의 손끝이 닿자 가슴 한편은 작은 징소리로 울기 시작했고
그 후 웅녀도 함께 벽화를 그리기 시작했다.
세모와 네모와 둥근 원의 작은 우주를 그려 넣은
아주 작은 느티나무가 가슴에서 자라서
파아란 잎들이 햇살에 빛을 발하기 시작했다.

—「가슴속 작은 느티나무」 전문

느티나무의 존재는 단연 주술성과 역사성을 함의한다. 어린 것들이 말타기, 뜀박질을 하여도 광합성 작용만 한다. 그 나무는 "허리에 캥거루의 아기주머니 같은 동굴을 달" 정도로 늙은 나무였으며, 삼신할머니가 아기를 점지

해주고 마을 동제를 지내던, 말하자면 마을의 신앙의 대상이 되던 신목(神木)이었다. 온갖 더러움이 정화되던 표시로 백설기를 나누던 중심이었으며 따라서 마을 사람들은 누구나 자신의 가슴속에 그 나무가 분양해주었던 "한 그루 작은 느티나무를 키우"게 되었다. 뿐만 아니라, 그 나무는 단군을 잉태한 웅녀로까지 그 시간성을 확장해가고 있는 것이다. 민족의 근원으로까지 소급해 들어가기로 한 시인의 의식이 시인의 시 곳곳에 녹아 있다. "모정과 사랑의 우물"을 간직하던, 가장 길고도 원초적인 끈으로 가닿을 수 있는 시간성과 공간성의 우물이 무덤을 이룬, 그 속에는 "마을 사람의 사랑과 인정과 손길과 모정이 담겨 있"는 원초적인 대상으로서의 나무이다. 나아가 이 나무를 간직하고 있는 마을 사람들의 가슴에는 우물과 무덤이 만든 사각형의 기억이 있고, 그 기억은 "천년의 바람으로 느티나무의 실핏줄 같은 작은 잎과 가지을 흔들고" 깊은 웅녀의 동굴 속에 벽화를 그리게 한다. 그래서 우리 가슴에는 "세모와 네모와 둥근 원의 작은 우주를 그려 넣은/ 아주 작은 느티나무가 가슴에서 자라"나고 있다는 것이다. 햇살에 파란 잎들이 빛을 발하고 있다는 것이다. 이 시는 어떻게 한 마을의 중심을 이루고 있던 한 그루의 신목이 어떻게 우리 민족의 공통적인 신성한 공간의 거소로 기능하고 있으며, 우리는 모두 그 나무가 낳은 하나의 작은 느티요, 이파리라는 사실을 아주 독특한 상상력으로 펼쳐놓은 작품이라 할 수 있다. 이때 나무는 우리 민족의 역사와 한국문화의 전통, 그 가장 깊고도 내밀한 곳으로 뿌리를 내리는 영속적인 존재가 되는 것이다. 천주산 진달래를 보고 "저 연분홍 치마폭에 싸여 황진이도 만나고, 매월향도 만나고, 양귀비도"(「천주산 진달래」) 만날 수 있음을 발견하는 시인이 신혜경이다. 어느 시편을 펼쳐보아도 한국인들이 공통적으로 경험했을 어린 시절의 추억이 있고, 자연에 대한 영속적인 믿음이 있다. 비록 옮겨 살아가고 있지만 태초의 시공간을 향한 그리움이 있다.

신혜경의 시편들에는 그 근원 속에 한민족이 공통적인 기반으로 가지고 있는 원형적인 숨결과 바탕, 우리를 있게 한 가장 깊은 곳으로 데려가는 힘과 에너지가 숨어 있다. 그것은 본질을 잃고 방랑하며 살아가는 우리들에게 우리가 나온 곳, 우리 존재의 내질을 이루는 곳을 일깨우기 위한 시인의 전략이라고 할 수 있겠다.

문학의전당 시인선 138

태양의 변주곡

ⓒ 신혜경

초판 1쇄 발행 2012년 10월 22일
지은이 신혜경
펴낸이 김석봉
디자인 조동욱

펴낸곳 문학의전당
출판등록 제311-2012-000043호
주소 서울시 은평구 연서로11길 7-5 401호
편집실 서울시 마포구 공덕2동 404 풍림VIP빌딩 413호
전화 02-852-1977
팩스 02-852-1978
블로그 http://blog.naver.com/mhjd2003
전자우편 sbpoem@hanmail.net

ISBN 978-89-98096-06-9 03810

*이 책의 판권은 지은이와 문학의전당에 있습니다.
*양측의 서면 동의 없는 무단 전재 및 복제를 금합니다.
*잘못 만들어진 책은 바꿔드립니다.